Merci !

Nous tenons à remercier pour leur aimable soutien : Anja Gottwald, une des initiatrices du projet NawiKi de l'université de Hambourg, qui réalise aussi des expériences dans des écoles maternelles et primaires depuis trois ans, les enfants du jardin d'enfants « Mäuseburg » d'Osterby et Marco Lemke, éducateur, ainsi que Magrit Parchwitz, pédagogue spécialiste de la forêt, qui expérimente volontiers avec les enfants et satisfait leur curiosité en cherchant avec eux des réponses à leurs questions scientifiques.

Vraiment malin !

Expérimenter avec la technique

Ruth Gellersen • Ulrich Velte

Préface

Chers parents,

Les enfants aiment faire des découvertes ; ils ne se lassent pas d'apprendre ! De nombreuses choses qui semblent tout à fait naturelles aux adultes relèvent du domaine de l'expérimentation pour les enfants, surtout au cours de leurs premières années. Le simple fait de boutonner soi-même son manteau ou de remplir un gobelet gradué permet d'apprendre des choses importantes. Une expérience passionnante peut donc aussi être toute simple !

Partez à la découverte avec votre enfant. Encouragez-le à poser des questions, à s'étonner et à essayer de nouvelles choses. En effet, il ne s'agit pas de reproduire parfaitement les expériences. Il est bien plus important d'aider votre enfant à découvrir son environnement. Sans réponses ni solutions toutes faites, mais avec beaucoup de curiosité, de temps et d'intérêt.

Les expériences présentées dans ce livre sont plus ou moins faciles à réaliser ; trois niveaux de difficulté distincts ont ainsi été prévus :

- niveau débutant
- niveau intermédiaire
- niveau avancé

Vous pourrez donc choisir les activités les plus adaptées à l'âge de votre enfant.

Les explications claires et détaillées vous facilitent, à vous et à votre enfant, la préparation et la réalisation des expériences. Dans les vignettes de couleur, vous trouverez de courtes explications scientifiques, des jeux, des textes et des idées complétant chaque expérience.

Je vous souhaite beaucoup de plaisir pour vos expériences communes.

Ruth Gellersen

Ruth Gellersen

Bonjour petit chercheur !

Faire un pont qui supporte un grand poids à partir d'une simple feuille de papier – comment faire ? Comment un palan peut-il t'aider à soulever plus facilement de lourds objets ?

Dans ce livre tu apprendras en plus quelque chose sur les aimants et les bateaux à moteur et tu réaliseras toi-même un circuit électrique.

Tu peux faire la plupart des expériences seul.

 Quand tu vois ce symbole, le mieux c'est defaire les expériences avec tes amis.

Comme tu trouves beaucoup de matériel à la maison, tu peux commencer immédiatement tes expériences !

Cela devient particulièrement intéressant quand une expérience ne marche pas comme indiqué ou comme tu l'avais cru. Il suffit de continuer à faire des recherches – tu découvriras sûrement beaucoup d'autres choses épatantes.

Amuse-toi bien au cours de tes recherches et de tes expériences !

Ta chouette spécialiste en découvertes,

Sommaire

Poids sur roues

Niveau intermédiaire

Réfléchis donc : comment tires-tu le plus facilement possible une charge composée de pièces de jeu de construction ?

Matériel :

- un couvercle de boîte à chaussures
- des pièces de jeu de construction
- un gros élastique
- du ruban adhésif
- 10 crayons de couleur ronds

1 Pose le couvercle de la boîte en carton à l'envers sur le sol et remplis-la avec les pièces de jeu de construction. Fixe l'élastique sur le carton à l'aide du ruban adhésif.

2 Tire l'élastique, et ainsi le couvercle avec sa charge, sur le sol. De quelle longueur s'étire l'élastique avant que le couvercle ne bouge ?

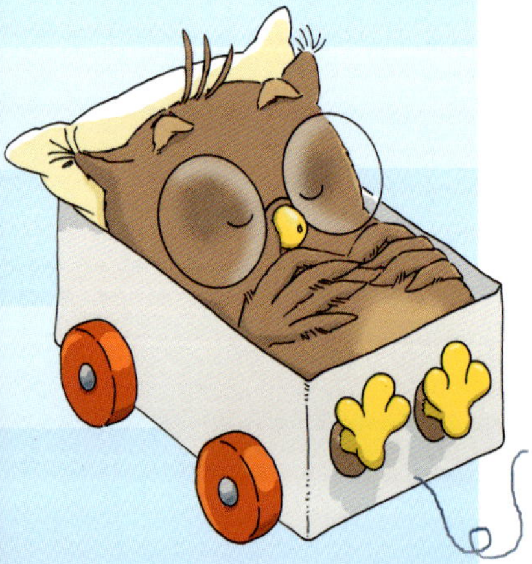

Dispose maintenant les crayons de couleur sous le couvercle ainsi chargé et tire encore une fois. Quelle différence remarques-tu ?

??? Explication

Avant l'invention de la roue, le transport des choses lourdes était laborieux car entre le sol et la surface du carton se produit un frottement qui rend le mouvement difficile quand on tire. Par contre, si tu mets des roues sous le couvercle, les crayons ronds roulent comme des roues et tu peux tirer facilement la petite remorque.

La roue

Une des plus vieilles et en même temps une des plus importantes inventions des hommes est la roue. Elle a été inventée il y a quelques milliers d'années déjà, et vraisemblablement à plusieurs endroits en même temps dans le monde entier. Une roue est toujours en forme de cercle et peut être faite de différents matériaux, comme le bois ou bien le métal. Les roues peuvent être utilisées à divers usages comme par exemple pour faciliter le transport d'objets lourds.

Fusée à eau

Niveau avancé

Fais toujours partir cette fusée dehors, car elle monte très haut dans le ciel en répandant toute une fontaine d'eau.

Matériel :

- deux grands pots de yaourt en plastique (1000 g)
- des ciseaux
- du ruban adhésif
- un bouchon
- une perceuse, par exemple une vrille
- un tuyau en plastique (5 m de long, Ø env. 1 cm)
- une punaise
- une bouteille d'eau vide (1,5 l, en plastique)
- 0,5 l d'eau
- une pompe à air (pompe à pied)

1

Pour la rampe de lancement, tu retires le fond des pots de yaourt en les coupant. Tu fixes les pots l'un sur l'autre à l'aide du ruban adhésif. Fais un trou dans la paroi du pot inférieur.

2

Fais un trou dans le bouchon. Pour cela, demande l'aide d'un adulte. Fais passer le tuyau dans le trou. Mets la punaise dans le tuyau de l'autre côté du bouchon.

3

Glisse le bout du tuyau sur la pompe à air. Tu mets l'autre bout dans la rampe de lancement en le faisant passer dans le trou par en-dessous.

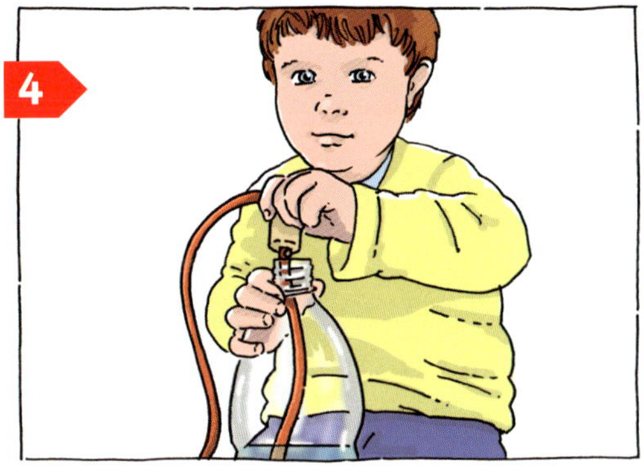

4

Remplis la bouteille d'eau. Ferme bien l'ouverture avec le bouchon. Le bout du tuyau d'environ 20 cm pend dans la bouteille à la surface de l'eau.

5

Pose la bouteille à l'envers dans le pot de yaourt. À présent, pompe vigoureusement de l'air dans le tuyau. Reste bien à distance de la fusée en faisant cela !

??? Que se passe-t-il ?

L'air que tu pompes dans le tuyau en plastique comprime l'air dans la bouteille et éjecte ainsi le bouchon avec pression de la bouteille. L'eau sort en giclant et la fusée s'envole. Cela fonctionne de la même façon que quand tu nages et que tu repousses l'eau avec tes jambes vers l'arrière pour te faire avancer.

10, 9, 8, 7, 6 ...

Les premières fusées ont été lancées en Chine au XIIème siècle déjà. Elles avaient pour objectif de faire peur à l'ennemi pendant les combats. Quelque temps après, les fusées sont parvenues en Europe. Cependant, avant que les premières fusées habitées puissent être envoyées dans l'espace, quelques siècles se sont écoulés. Ce n'est qu'au XXème siècle que les premières fusées ont été construites qui ont emmené des hommes dans l'espace.

Construire des ponts

Niveau débutant

Les ponts en bois ou en acier peuvent supporter des charges importantes. Un pont en papier le peut aussi – si tu connais la bonne combine ...

Matériel :

- quelques livres
- quelques feuilles de papier
- quelques pièces de jeu de construction

Avec les livres, fais deux piles que tu mets l'une à côté de l'autre en laissant un espace entre elles. Pose une feuille de papier comme un pont au-dessus de l'espace vide.

À présent, place une pièce de jeu de construction sur le papier. La feuille se courbe vraisemblablement sous son poids et tombe. Une simple feuille de papier ne peut pas la soutenir !

Prends une deuxième feuille de papier que tu plies en accordéon.

Pose la feuille de papier ainsi pliée au-dessus de l'espace vide entre les deux piles de livres et place une pièce de jeu de construction dessus. Qu'est-ce qui se passe ? Combien de pièces peut supporter ton pont de papier ?

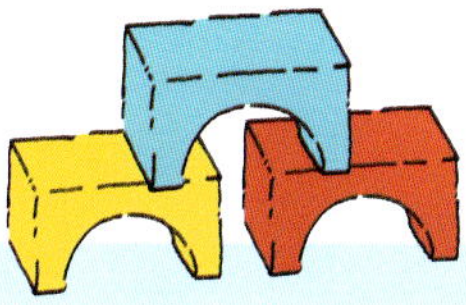

??? Explication

La simple feuille de papier se plie rapidement, elle ne peut porter qu'un poids très léger. En le pliant, le papier devient cependant beaucoup plus stable parce qu'il ne peut plus se courber. C'est la raison pour laquelle le pont de papier plié peut supporter une, voire plusieurs pièces de jeu de construction sans s'écrouler.

Construction de ponts ?!

Depuis des millénaires, les hommes construisent des ponts pour créer des voies praticables afin de surmonter des obstacles tels que les fleuves, les ravins, les routes, les chemins de fer ou bien les vallées. Il existe des ponts suspendus qui tiennent par des câbles, des ponts-poutres, des ponts en arc, des ponts flottants et même des ponts mobiles qui s'ouvrent et se ferment, selon l'obstacle à surmonter. Pour la construction de ponts, on utilise les matériaux les plus divers comme le bois et les pierres, le fer ou le béton.

La technique d'autrefois...

Les siècles passés ont donné naissance à des évolutions techniques d'importance, comme l'invention de la roue par exemple.

Les machines volantes

C'est déjà au début du 19ème siècle que les premiers planeurs, et plus tard aussi les avions à moteur, ont été inventés. Cependant, cela a duré encore cent ans environ avant que les frères Orville et Wilbur Wright aux USA ne construisent un avion motorisé qui puisse voler et être piloté de façon fiable. Le 17 décembre 1903 a eu lieu le premier vol motorisé.

L'imprimerie

Les premiers papiers et étoffes imprimés ont été produits il y a plusieurs centaines d'années déjà, probablement en Chine. Cela exigeait encore beaucoup de travail, tout comme l'écriture et la décoration de livres et de papiers à la main. Vers 1450, Johannes Gutenberg a fait une découverte importante. Il a développé un procédé à l'aide duquel l'impression a pu être considérablement simplifiée. À partir de là et à l'aide de la presse qu'il a construite, on pouvait imprimer n'importe quelle quantité d'articles semblables. Au cours des décennies suivantes, l'impression typographique de Gutenberg s'est propagée rapidement et avec elle, le nombre de livres a augmenté fortement en peu de temps.

Le phonographe

Le phonographe a été inventé en 1887 par Emil Berliner ; il pouvait restituer les sons et la musique. La musique est enregistrée mécaniquement tout d'abord sur un disque qui est ensuite mis en mouvement pour la jouer. Au début, cela se faisait à la main, et plus tard, électriquement, avec le tourne-disque. Pour finir, le tourne-disque a été remplacé par le lecteur de CD.

La roue

Pendant de nombreux millénaires, les hommes ont tiré leurs fardeaux avec des traîneaux ou des courroies – seuls ou bien à l'aide de bêtes de somme comme des chevaux ou des bœufs. Cela était souvent pénible et laborieux. Il y a environ quatre à six mille ans, la roue a été inventée, un disque rond. Les fouilles de scientifiques, différentes découvertes ainsi que des représentations en images font penser que la roue n'a pas été construite à un seul endroit et par une seule personne, mais qu'elle a été fabriquée dans différentes régions de la Terre et par des personnes différentes.

La locomotive à vapeur

Une locomotive à vapeur est un véhicule qui roule sur des rails, seul ou en tirant des wagons. Les premières locomotives à vapeur étaient propulsées par de la vapeur très chaude. Celle-ci se produit quand de l'eau provenant de la combustion de bois, de pétrole, de tourbe ou bien de charbon est chauffée dans une chaudière. La toute première locomotive à vapeur a été construite en 1804 en Grande-Bretagne. Plus tard, des locomotives diesel ou électriques ont été notamment développées.

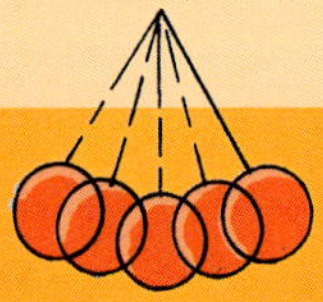

Histoire de pendule

Niveau débutant

Tes amis vont s'étonner : la balle se balance vers toi et pourtant tu restes tranquille, tu ne bouges pas et n'essaies pas de l'éviter. Est-ce que tout ira bien ?

Matériel :
- d'une balle
- d'une longue ficelle

Noue un bout de la ficelle à la balle en la croisant dessus.

Fixe l'autre bout à une branche ou à un crochet au plafond. Pour cela, demande l'aide d'un adulte. Il est important que la balle puisse se balancer librement.

Éloigne-toi un peu de la ficelle et prends la balle dans tes mains de façon à ce que la corde soit bien tendue.

4

Lâche la balle et reste où tu es, sans bouger. Qu'est-ce qui se passe ?

??? Explication

La balle revient vers toi, mais elle ne te touche pas. Elle s'arrête juste avant car elle est freinée par la résistance de l'air. La balle s'arrête lentement, ses trajets vers toi sont de plus en plus courts.

... encore plus amusant !

Un pendule est composé d'un poids fixé à une baguette ou à une ficelle. Il se balance d'avant en arrière. Tu peux très bien l'observer sur une horloge. Même quand tu es assis sur une balançoire, tu te balances comme un pendule. Que se passe-t-il quand tu ne t'aides pas de tes jambes et de tes bras pour prendre de l'élan ? Sens-tu l'air sur ton visage et dans tes cheveux ?

Jeux de lumière

Niveau avancé

Matériel :

- une pile (A A)
- des morceaux de ruban adhésif
- une ampoule (1,5 V, en magasin de modélisme)
- une douille adéquate à deux fils étalliques (1,5 V, en magasin)

À la maison tu trouves partout des objets qui marchent à l'électricité. Avec cette expérience, tu fabriques toi-même un circuit électrique.

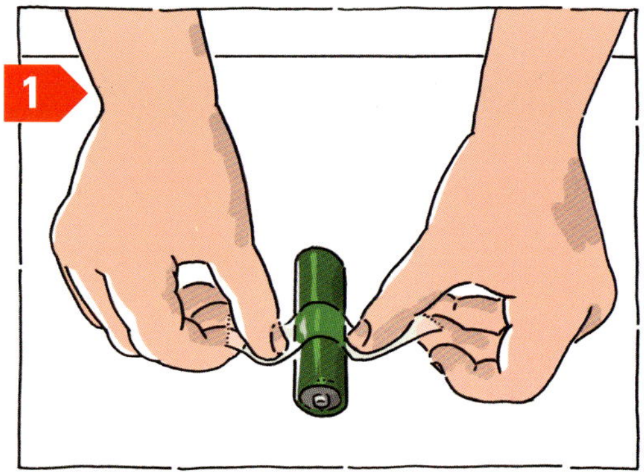

Fixe la pile sur la table à l'aide des morceaux de ruban adhésif.

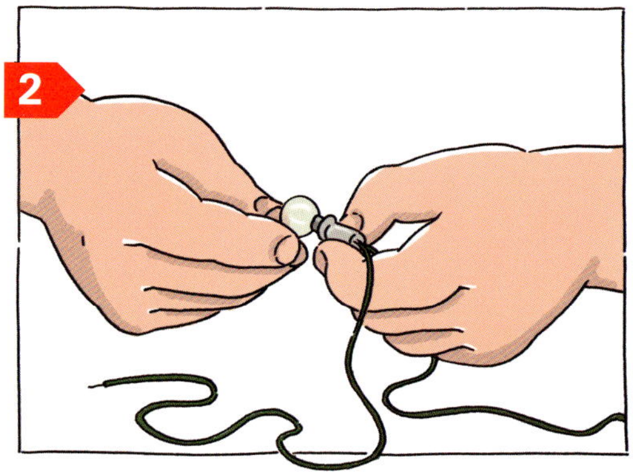

Visse l'ampoule sur la douille.

Prends un fil métallique dans chaque main et pose-les à chaque bout de la pile.

4

Fais-tu briller l'ampoule ? Plus tu tiens les fils calmement sur la pile, plus l'ampoule brille.

??? Explication

Pour que l'ampoule puisse briller, le circuit électrique doit être fermé. Ce n'est que comme cela que les petites particules qui fournissent l'électricité, appelées électrons, peuvent se déplacer d'un pôle de la pile à l'autre. Chaque pile a un pôle positif et un pôle négatif – Tu en vois les signes sur la pile ?

Il fait des éclairs ... ?!

D'innombrables objets, appareils et moyens de locomotion dans notre entourage marchent à l'électricité. Dans la nature également, tu peux découvrir de l'électricité : un orage peut engendrer des décharges électriques au travers des éclairs. Avec tes amis, représentez-vous le déroulement d'une journée sans électricité : sans réfrigérateur, sans sèche-cheveux, sans lumière électrique, sans lecteur de CD, sans télévision ni radio ...

Sablier de riz géant

Niveau avancé

As-tu déjà observé du sable fin couler dans un sablier ? Avec cette expérience, tu fabriques toi-même un sablier – mais avec de gros grains de riz !

Matériel :

- deux bouteilles d'eau vides (1,5 l, en plastique)
- du riz
- un entonnoir
- du ruban adhésif pour fibres
-

1

Dévisse les bouchons des deux bouteilles. Pose l'entonnoir sur une des deux bouteilles et remplis-la de riz jusqu'à la moitié environ.

2

Colle de petits morceaux de ruban adhésif dans les deux goulots de façon à rétrécir un peu les orifices.

Place l'ouverture de la bouteille vide sur celle de la bouteille pleine. Un de tes amis colle les deux goulots ensemble.

Retourne le sablier et pose-le à l'envers.

??? Que se passe-t-il ?

Petit à petit le riz s'écoule de la bouteille du dessus dans celle du dessous. Avec un minuteur, tu peux réussir à savoir combien de temps cela dure : mets-le en marche dès que tu as retourné le sablier. Quand tout le riz s'est totalement écoulé, regarde sur le minuteur combien de temps est passé.

... encore plus amusant !

Le sablier est un vieil instrument de mesure du temps. Il existe dans toutes les tailles et on l'utilise par exemple en cuisine pour cuire des œufs ou bien en se lavant les dents. Le sable contenu dans un sablier est très fin. De cette façon, il coule bien dans le fin tube de verre sans le boucher. Enfouis tes mains dans du sable fin et laisse-le couler entre tes doigts. C'est tellement agréable que tu en oublies facilement le temps qui passe...

Paires d'aimants

Niveau avancé

Découvre les aimants qui s'attirent et ceux qui se repoussent …

Matériel :

- quatre aimants en forme de bâtonnet
- deux crayons de couleur
- du ruban adhésif

1 Fais bouger les aimants sur la table. Que remarques-tu ? Selon le côté par lequel ils se touchent, soit ils se repoussent, soit ils s'attirent.

2 Coince un crayon entre deux aimants qui s'attirent et mets du ruban adhésif autour de cette paire d'aimants. Fais la même chose avec une paire d'aimants qui se repoussent.

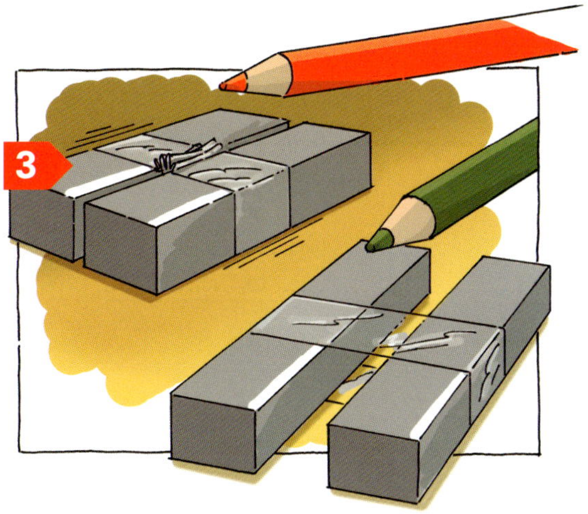

À présent, retire les deux crayons. Qu'est-ce qui se passe ? La première paire d'aimants se colle tout de suite, la deuxième paire continue à se repousser.

??? Explication

Les aimants ont deux pôles : un pôle nord et un pôle sud. À ces pôles, la force magnétique est particulièrement importante. Les mêmes pôles se repoussent pendant que les pôles contraires s'attirent. C'est la raison pour laquelle, une fois le crayon enlevé, une des paires d'aimants reste séparée et l'autre paire se réunit.

Le champ magnétique ?!

Chaque aimant est entouré d'un champ magnétique qui est particulièrement fort aux deux extrémités. Ils sont appelés le pôle nord et le pôle sud. La Terre elle-même est un aimant géant avec un grand champ magnétique. Certaines espèces animales peuvent ressentir le champ magnétique de la Terre, ce qui leur sert à s'orienter. Les tortues de mer, les oiseaux migrateurs et les pigeons trouvent ainsi leur route lors de leurs longs voyages.

Tourne petit moulin ...

Dans l'Antiquité déjà, on utilisait des roues hydrauliques afin de fabriquer de l'énergie mécanique. Elles étaient utilisées en tant que roues à godets pour irriguer les champs ou, plus tard, en tant que moulins à eau, pour moudre les céréales.

Matériel :

- du carton mince
- un crayon
- des ciseaux
- du film adhésif transparent
- de la colle ou du ruban adhésif
- une bobine de fil
- une grosse aiguille à tricoter ou bien un crayon de couleur rond
- un arrosoir
- de l'eau
- un grand saladier ou une bassine

1. Dessine quatre petits rectangles de même taille sur le carton. Recouvre le carton du film adhésif transparent des deux côtés. Découpe les rectangles.
2. Plie les rectangles au milieu.
3. Colle le bord de tous les rectangles sur la bobine de fil de façon à ce que les quatre roues soient à la même distance, comme des aubes.
4. Fais passer l'aiguille à tricoter ou le crayon de couleur rond par l'ouverture de la bobine de fil.
5. Remplis l'arrosoir d'eau.
6. Place la roue hydraulique au-dessus du récipient en tenant l'aiguille à tricoter. De l'autre main, tu verses lentement de l'eau dessus. Le mieux, c'est de le faire à deux.
7. L'eau heurte les roues. Grâce à la force de l'eau, la roue commence à tourner.

Vas-y !
Bricole ta propre
roue hydraulique :

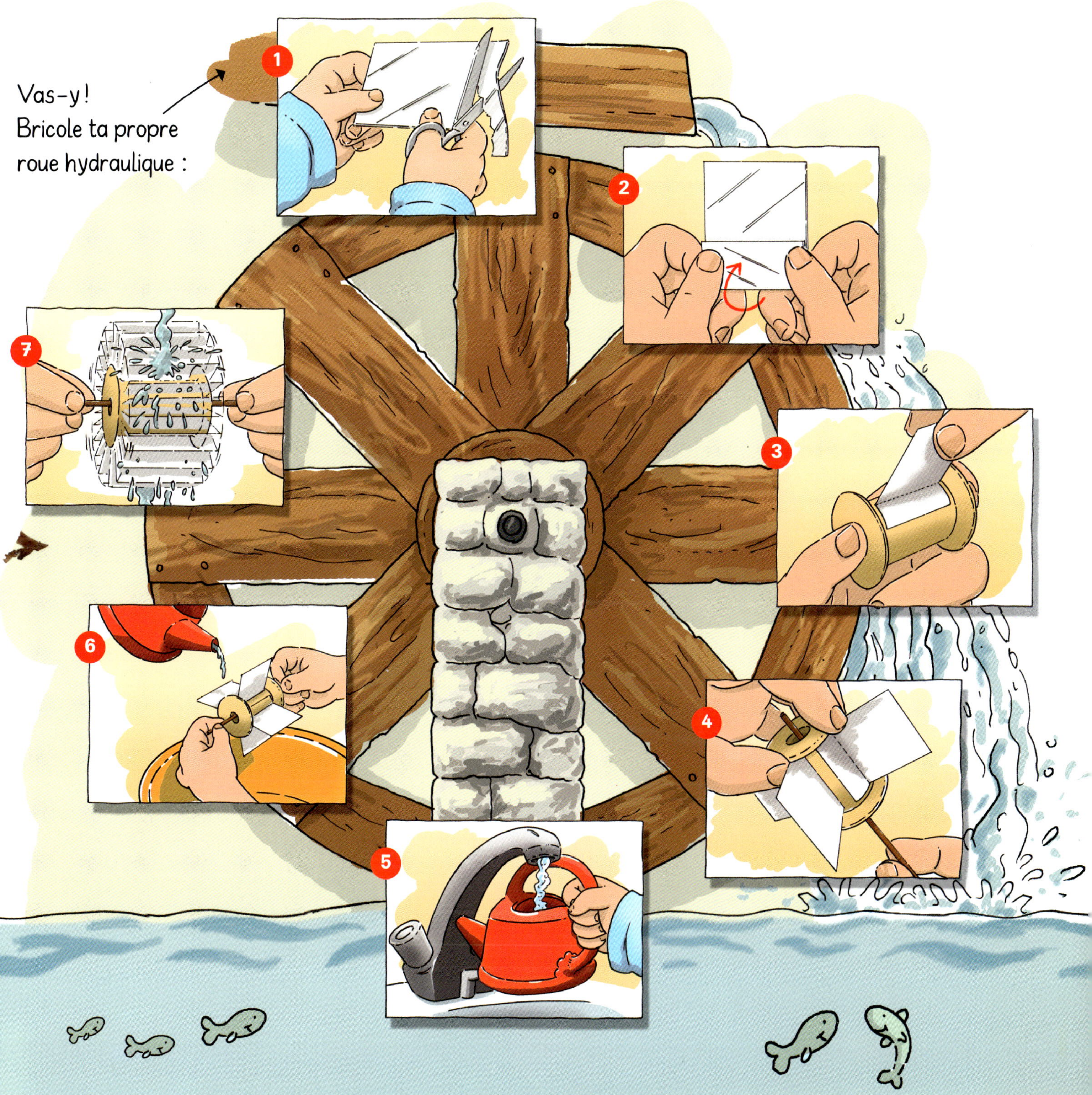

Ballon bolide

Niveau avancé

Avec une astuce, tu peux faire rouler ta voiture jouet encore plus vite. À vos marques ! Prêts ? Partez !

Matériel :

- deux voitures jouets (très légères)
- un morceau de tuyau en plastique (par exemple en magasin de bricolage)
- du ruban adhésif
- un ballon de baudruche
- 

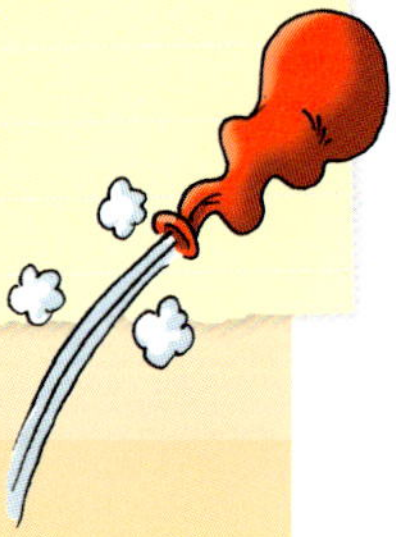

1 

Mets le bout du tuyau dans le ballon.

2 

Fixe le tuyau et le ballon à l'aide de ruban adhésif sur le toit de la voiture.

Gonfle le ballon en soufflant dans le tuyau et ferme bien l'orifice.

Pose la voiture par terre et lâche le ballon. Demande en même temps à un de tes amis de donner un coup à une voiture pour la faire avancer sans la propulsion du ballon. Quelle voiture est plus rapide ?

??? Explication

Dès que tu lâches le ballon, l'air soufflé à l'intérieur sous pression auparavant s'en échappe, transformé en puissant courant d'air. C'est ce courant d'air qui entraîne ta petite voiture. Elle démarre sans que tu aies besoin de la pousser.

... encore plus amusant !

À propos, la voiture est encore plus rapide si tu fixes dessus tout de suite deux tuyaux avec deux ballons. Fais une course de voitures avec ballons en compagnie de tes amis : préparez les petits bolides munis de ballons de couleurs. Coloriez un grand morceau de carton et recouvrez-le de film adhésif transparent. Appuyez le carton en pente douce contre une pile de livres. Posez les voitures sur la ligne de départ et lâchez-les en même temps. Quelle voiture dévale la rampe de lancement le plus rapidement ? Quelle est celle qui va le plus loin ?

Ça monte et ça descend

Niveau débutant

Matériel :

- quelques coussins ou oreillers
- une planche (longue et large)
- un véhicule (par exemple une poussette de poupée)
- 

Pour cette expérience, Matériel d'un peu de force et de persévérance. Devine comment pousser la voiture sur la montagne le plus facilement possible.

1 Entasse les coussins pour former une montagne. Avec tes amis, pose la planche sur la montagne de façon à former une pente courte et raide.

2 Pousse le véhicule pour lui faire monter la pente. Pendant cela, tes amis tiennent bien la planche pour qu'elle ne glisse pas.

Enlève à présent quelques coussins pour que la montagne diminue et qu'une longue pente plate apparaisse. Pousse encore une fois le véhicule pour lui faire monter la pente. Que remarques-tu ?

??? Explication

Plus la pente est courte et raide, plus il est difficile de pousser la voiture vers le haut de la montagne. En plus de la distance que tu veux parcourir, s'ajoute une différence de hauteur et celle-ci te coûte aussi de l'énergie ! Plus la différence de hauteur que tu dois parcourir à chaque pas est faible, moins il est difficile de pousser.

Pédaler dur !

Tu peux particulièrement bien te rendre compte de ce principe en faisant du vélo en montagne. Tu peux ainsi constater sur quelles routes tu peux facilement rouler. Les chemins et les sentiers qui sont très raides te mettent plus rapidement hors d'haleine. Tu dois alors appuyer fortement sur les pédales pour atteindre le sommet de la montagne. Par contre, il est plus simple de rouler sur des routes dont la pente est douce.

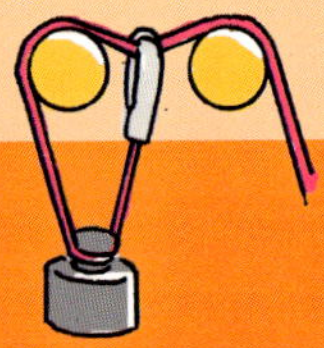

Oh hisse !

Niveau avancé

Matériel :

- quatre chaises
- deux manches à balai
- du ruban adhésif
- un objet (par exemple un sac rempli de pièces de jeu de construction)
- deux cordes
- un mousqueton

Soulève un sac de pièces de jeu de construction. C'est assez lourd, non ? Avec un palan, tu peux hisser plus facilement les objets lourds.

1

Place deux chaises l'une à côté de l'autre, et les deux autres en face. Pose les manches à balai sur les dossiers et fixe-les avec du ruban adhésif pour qu'ils ne glissent pas.

2

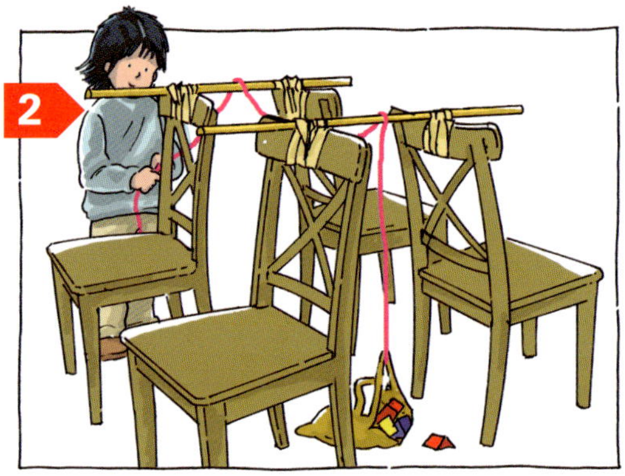

Prends une longue corde et attache-la à un objet lourd en faisant un nœud. Fais monter la corde et passe-la sur les deux manches à balai.

3

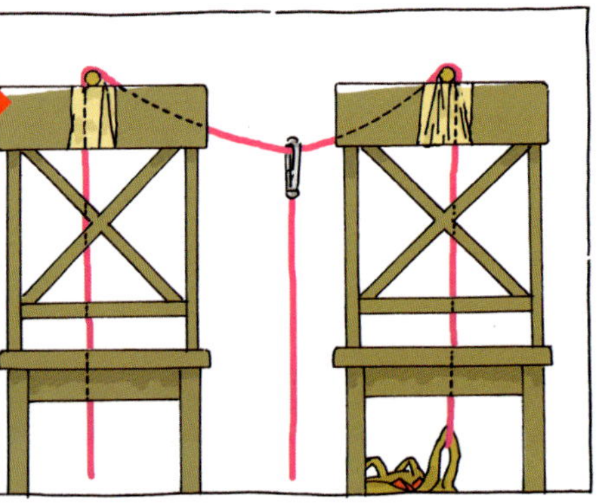

Attache le mousqueton au milieu de la corde. Il doit pendre entre les deux manches à balai. Noue la deuxième corde au mousqueton.

??? Que se passe-t-il ?

À l'aide d'un palan, tu soulèves des poids et des objets lourds plus facilement. La force dont Matériel pour hisser l'objet est répartie sur une plus longue distance. Plus la corde est longue, moins Matériel de force pour tirer. En revanche, tu dois tirer plus longtemps.

4

Attache le bout de la deuxième corde à l'objet.

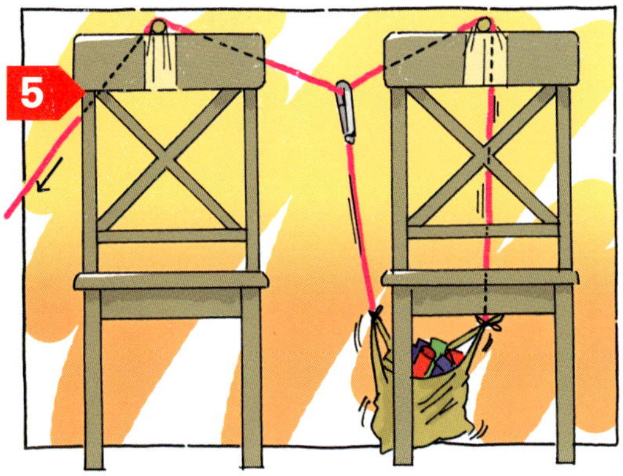

5

Le bout d'une corde pend à présent librement. Tire dessus. Que se passe-t-il ?

Objets lourds ?!

Dans l'Antiquité déjà, on utilisait les palans pour soulever et transporter de lourdes charges. Les Romains par exemple, ont construit leurs impressionnants monuments et leurs arènes à l'aide de palans. Au cours du temps, les palans simples composés d'une poulie et d'une corde ont été développés de façon à ce que des charges de plus en plus lourdes puissent être soulevées. Même les grues utilisent les palans pour soulever des charges pesantes.

Très fort !

Niveau débutant

Avec cette expérience, tu étonneras tes amis car en un tour de main tu soulèves une lourde table très facilement !

Matériel :

- une table
- deux marteaux à un long manche
- deux manches à balai
- 

1 Avec l'aide de tes amis, retourne la table de façon à ce que le dessus de celle-ci soit à plat sur le sol et les pieds en l'air. Pose un marteau parallèlement au bord de la table.

2 Soulevez ensuite ensemble la table d'un côté et poussez le deuxième marteau sous la table. Le manche du marteau se trouve donc sous le manche de l'autre et ils forment une croix.

3 À présent, tu appuies sur le bout du marteau supérieur vers le bas. Tu vois comme la table se soulève ?

Fais maintenant cette expérience avec les deux manches à balai. Compare : Quelle est la différence en utilisant deux longs manches à balai au lieu du marteau au manche court ?

??? Explication

Tu utilises le marteau ou le manche à balai comme levier. De cette façon, tu obtiens un résultat important en utilisant peu de force. Le chemin du manche du marteau est plus long en descendant que celui de la table en montant. Plus ton levier est long, plus tu peux soulever la table en hauteur et plus c'est facile aussi.

L'effet de levier ?!

Tu retrouves le principe du levier partout dans la vie quotidienne. Un casse-noix fonctionne de cette manière, tout comme un simple ouvre-bouteille ou une pince. Sur le terrain de jeux également, il y a un appareil qui te montre précisément l'effet de levier. Tu sais lequel c'est ? Bien sûr, c'est la balançoire à bascule ! Essaie de trouver avec tes amis où il faut s'asseoir pour bien basculer et quand cela ne fonctionne pas du tout.

La technique d'aujourd'hui

Dans notre vie quotidienne, nous sommes entourés d'innombrables objets techniques. Certains ont été inventés il y a longtemps et continuent à être développés, comme le téléphone par exemple. D'autres, comme Internet, sont des inventions encore très récentes.

L'ordinateur

Un ordinateur est un appareil électronique qui traite des données ou des informations. Après plusieurs stades préliminaires différents avec des calculateurs mécaniques, Konrad Zuse a construit en 1941 le premier ordinateur. Au cours des soixante années suivantes, la technique informatique n'a cessé de se développer. Aujourd'hui, on peut à peine s'imaginer une vie sans les ordinateurs.

L'automobile

En 1886, Gottlieb Daimler et Karl Benz, indépendamment l'un de l'autre, ont développé le premier véhicule motorisé qui pouvait se déplacer sans rails ou chevaux. Après avoir été jugée ridicule, trop bruyante et trop dangereuse par beaucoup, l'automobile s'est imposée en l'espace de quarante ans et s'est propagée dans le monde entier.

Le téléphone

Les origines du téléphone remontent à l'année 1837, quand le premier télégraphe morse a été inventé. Il transmettait un code composé de traits et de points grâce auxquels on pouvait envoyer et recevoir des messages. Au cours des décennies suivantes, on a continué à développer cette technique dans l'objectif de transmettre non seulement des signes, mais aussi des messages parlés à grande distance. En 1876, Alexander Graham Bell déposait le premier un brevet d'invention d'un téléphone. Au cours du temps, les premiers appareils à manivelles puis ceux à cadrans d'appel furent remplacés par les téléphones à touches et à chiffres. Le premier téléphone portable, que nous connaissons aujourd'hui sous le nom de « portable », apparut en 1983 sur le marché.

Internet

L'apparition d'Internet est étroitement liée au développement de l'ordinateur. Il s'agit là de la liaison entre de nombreux ordinateurs différents du monde entier. Par voie électronique, des données et des informations peuvent ainsi être échangées. Les origines d'Internet remontent à l'année 1969. Depuis de la fin des années 80, il s'est fortement répandu et est désormais utilisé par de nombreuses personnes pour l'échange d'informations et d'images.

Hors-bord infernal

Niveau avancé

Matériel :

- des ciseaux
- un carton (ouvert en haut)
- du papier
- des crayons
- des morceaux de ruban adhésif
- une rondelle (à vis)
- un aimant (vendu dans les magasins de bricolage)

Ce hors-bord glisse élégamment sur la piste de papier. Comment cela fonctionne-t-il ?

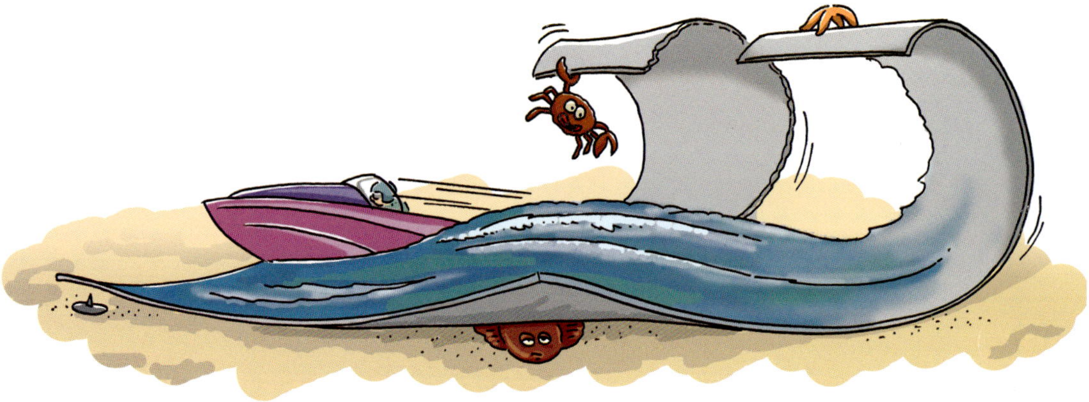

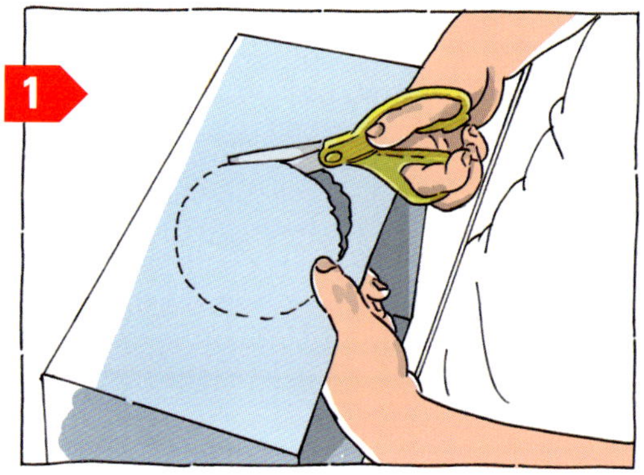

1

Coupe un grand orifice dans le côté large du carton de façon à pouvoir y passer le bras aisément.

2

Dessine une piste de course sur une grande feuille de papier. Pose le papier sur le côté ouvert du carton et fixe-le avec des morceaux de ruban adhésif.

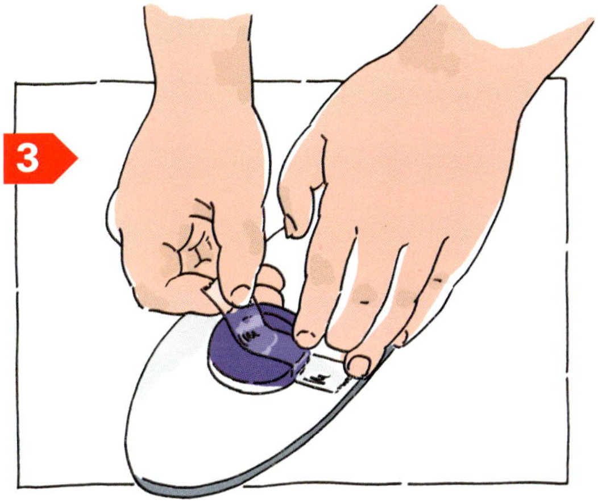

Dessine un bateau (vu du dessus) sur du papier et découpe-le. Colle la rondelle au dos de celui-ci.

Passe l'aimant par l'ouverture et tiens-le sous la piste et le bateau. Fais bouger l'aimant, et tu vois : le bateau aussi se déplace. Réussis-tu à le faire naviguer sur les lignes ?

??? Que se passe-t-il ?

L'aimant attire le métal de la rondelle. De cette façon, le hors-bord suit l'aimant.

... encore plus amusant !

Avec un bon aimant, tu peux explorer minutieusement ton entourage. Place l'aimant sur différents objets tels qu'une cuillère en bois, la porte du réfrigérateur, des ciseaux ou bien une clef. Qu'est-ce qui est magnétique ? Qu'est-ce qui ne l'est pas ? Tu peux également essayer d'attirer le plus d'objets possible avec l'aimant. Est-ce que peu d'objets lourds s'y collent ou beaucoup de petites choses légères comme des trombones ou des clous ? Essaie différents aimants, petits et gros, ronds et carrés ... Dans la baignoire, tu peux aussi mettre quelques rondelles dans un bateau en plastique et le faire bouger ainsi avec un aimant.

Qu'est-ce qui pèse le plus ?

Niveau avancé

Est-ce que trois crayons de couleur sont plus lourds que trois vis ? Est-ce qu'un pinceau est plus léger qu'une petite cuillère ? Bricole ta propre balance et cherche la solution.

Matériel :

- deux petits rouleaux de carton (papier toilette)
- du ruban adhésif
- un clou ou de ciseaux pointus
- de la ficelle
- une baguette en bois
- des petites choses à peser

1

Ferme une des deux ouvertures de chaque rouleau en carton avec du ruban adhésif pour que rien ne puisse tomber de ce côté.

2

À présent, tourne-les. Perce à l'aide du clou deux trous l'un en face de l'autre dans le bord supérieur de chaque rouleau.

Fais passer une ficelle par les trous dans chaque rouleau et fixe ceux-ci à la baguette en bois de façon à ce qu'ils pendent tous les deux de la même longueur. Utilise du ruban adhésif pour que les ficelles ne bougent pas.

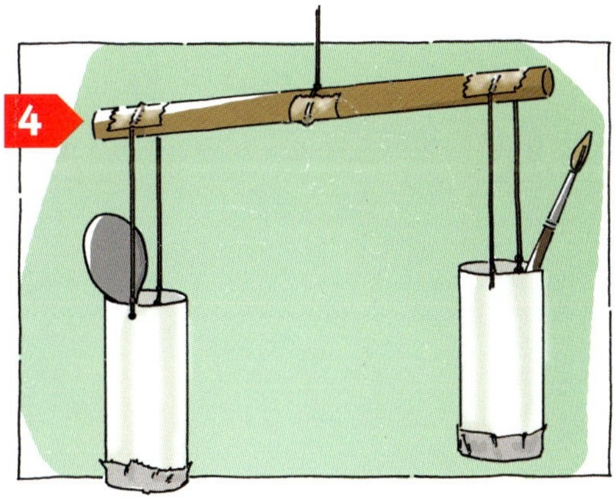

Accroche un morceau de ficelle au milieu de la baguette et suspend la balance de façon à ce qu'elle puisse osciller librement. Dépose à présent une petite cuillère dans un des plateaux de la balance et un pinceau dans l'autre. Qu'est-ce qui pèse le plus ?

??? Que se passe-t-il ?

Quand tu poses deux objets différents dans les rouleaux de carton, le côté le plus lourd de la balance s'incline vers le bas. Si les deux objets ont le même poids, les deux plateaux restent à peu près à la même hauteur. C'est comme cela que tu découvriras quels sont les objets qui sont plus lourds ou plus légers que les autres.

... encore plus amusant !

Fais un concours de balance avec tes amis : pose une balance de cuisine sur la table et dispose différents objets à côté. Un des joueurs en choisit deux. Les autres choisissent l'objet dont ils pensent qu'il pèse le plus. Ils sont ensuite pesés. Pour chaque évaluation correcte, un point est donné. Vous pouvez aussi essayer de deviner combien de grammes pèse l'objet avant de le peser. Qui évalue le mieux le poids ?

Bateau à moteur rotatif

Niveau avancé

As-tu déjà fait du manège ? Ici tu peux te fabriquer un bateau à moteur qui fait du manège sur l'eau.

Matériel :

- un morceau de caoutchouc mousse
- un crayon
- des ciseaux
- un élastique
- une paille
- du ruban adhésif
- une baguette en bois ronde (environ 5 cm de long)
- un grand saladier avec de l'eau

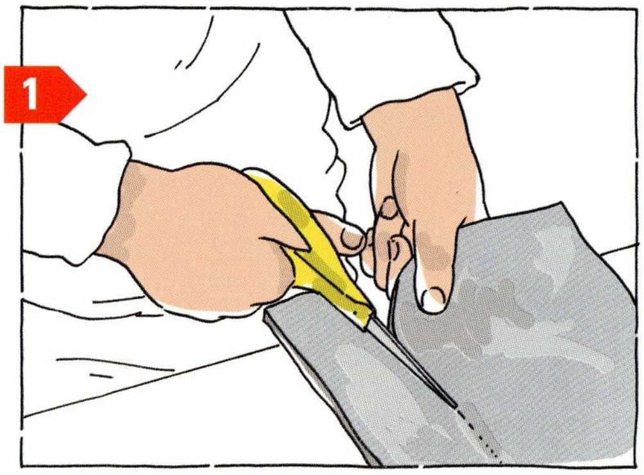

Dessine les contours d'un bateau (vu du dessus) sur le caoutchouc mousse et découpe-le.

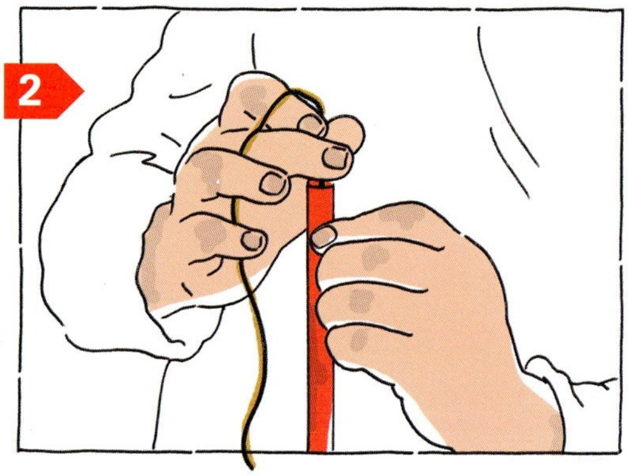

Coupe l'élastique et fais-le passer dans la paille.

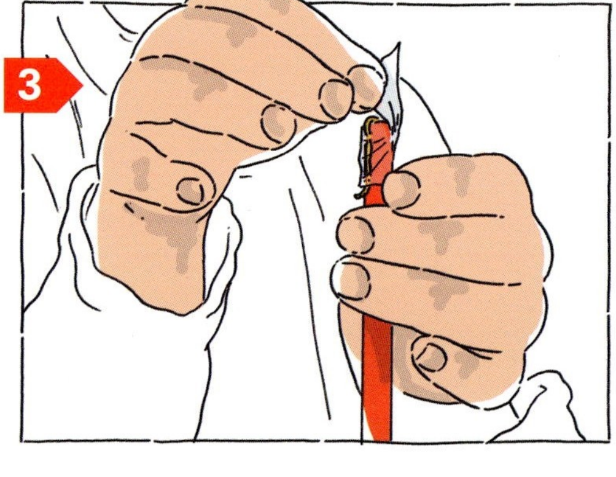

Ferme l'ouverture de devant de la paille par laquelle sort l'élastique avec du ruban adhésif.

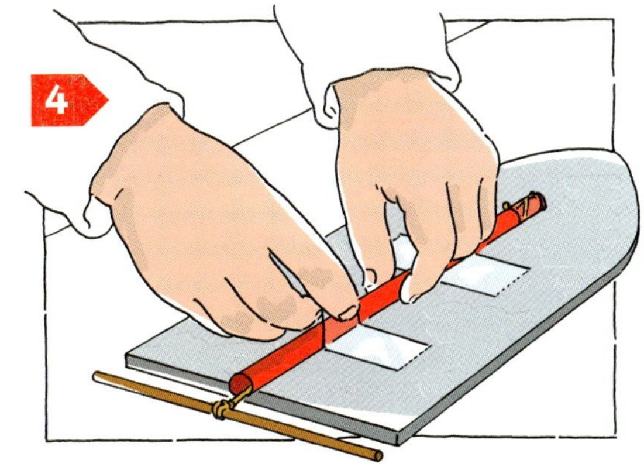

Attache l'autre bout de l'élastique qui dépasse à la baguette en bois en faisant un nœud. Entre la baguette et le bateau il faut un espace d'environ un doigt de largeur. Fixe la paille sur le bateau à l'aide du ruban adhésif.

Remonte le « moteur » du bateau en tournant la baguette en bois jusqu'à ce que l'élastique soit bien tendu. Ensuite, tu mets le bateau sur l'eau et tu le lâches.

??? Que se passe-t-il ?

L'élastique tendu se relâche pour retourner dans sa position d'origine, ce qui fait bouger la baguette. Ce mouvement fait avancer le bateau qui navigue sur l'eau comme un manège.

La marche à moteur

Un moteur transforme de l'énergie, par exemple électrique ou chimique, en énergie mécanique, comme l'énergie cinétique. Les voitures ont un moteur, tout comme les avions. Sur l'eau aussi, il existe des véhicules à moteur. As-tu déjà vu un tel bateau à moteur ? Tu entends déjà de loin le vrombissement des moteurs.

Niveau avancé

Ce bateau ne marche pas avec un moteur, mais avec de l'air. Si tu souffles fort, un bateau muni d'un coussin d'air glisse sans bruit au-dessus du sol.

Matériel :

- une boîte vide de margarine ou de glace
- un rouleau de carton (papier toilette)
- un crayon qui écrit sur du plastique
- un couteau à tapis
- de ruban adhésif

Pose le récipient à glace à l'envers sur la table. Mets le rouleau de carton au milieu et dessine son contour.

Découpe précautionneusement le cercle à l'aide du couteau à tapis. Ne fais cela qu'avec un adulte.

Place le rouleau dans l'orifice. Bouche tous les trous et les fentes avec le ruban adhésif.

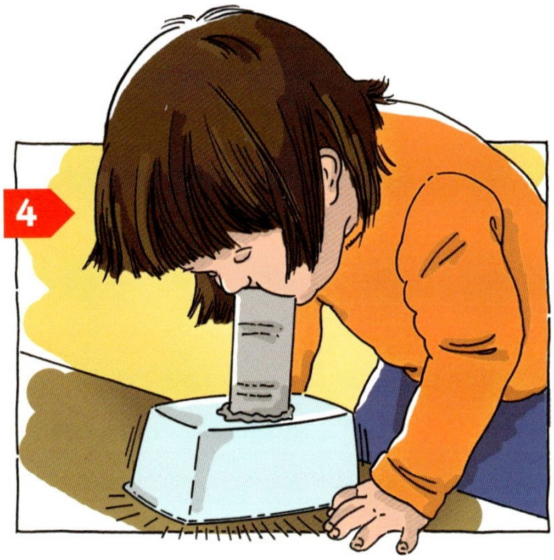

Souffle dans le rouleau de carton. Que se passe-t-il à présent ? Tu peux coller aussi de petits morceaux de papiers de couleurs sur ton aéroglisseur.

??? Que se passe-t-il ?

L'aéroglisseur se met en marche et glisse sur sa base car l'air que tu souffles dans le rouleau fait que la boîte se soulève et se met en mouvement. Dès que le courant d'air faiblit, le bateau s'arrête.

Glisser sur l'eau ?!

Les aéroglisseurs, appelés aussi hovercrafts, sont portés au-dessus de l'eau par un coussin d'air. Ils transportent, par exemple en tant que ferry, différentes marchandises et des passagers sur la mer. Cependant, les aéroglisseurs ne sont pas utilisés que pour le transport. Il existe aussi des compétitions sportives comme les courses d'aéroglisseurs. Certains aéroglisseurs se déplacent aussi bien sur l'eau que sur la terre ferme.

Crédits photographiques

IStock:
p. 5 (en haut) : Paulo Cruz ; **p. 5 (en bas) :** Darrell Evans ; **p. 11 :** Christopher Arndt ; **p. 15 :** Matthew Cole ; **p. 16 (en haut, à gauche) :** Andrea Gingerich ; **p. 16 (en haut, à droite) :** Michal Rozanski ; **p. 16 (en bas, à gauche) :** Jack Santen ; **p. 17 (en haut, à gauche) :** Irina Opachevsky ; **p. 17 (en haut, à droite) :** Artsem Martysiuk ; **p. 17 (en bas) :** Rich Yasick ; **p. 19 :** Carol Gering ; **p. 21 :** Martin Fischer ; **p. 25 :** Jurie Maree ; **p. 26 (en haut) :** Vlado Janžekovi ; **p. 26 (en bas) :** Anna Milkova ; **p. 31 :** Peeter Viisimaa ; **p. 35 :** Ramona Heim ; **p. 36 :** Mark Evans ; **p. 37 (en haut, à gauche) :** Renata Osinska ; **p. 37 (en haut, à droite) :** Susan Trigg ; **p. 37 (en bas) :** Jan Tyler ; **p. 43 :** Jonathan Maddock ; **photo de couverture (1ère à gauche) :** Carol Gering ; **photo de couverture (2ème à gauche) :** Martin Fischer ; **photo de couverture (2ème à droite) :** Bettina Baumgartner, Brian McEntire ; **photo de couverture (1ère à droite) :** PMSI Web Hosting and Design